BEI GRIN MACHT SICH IHR WISSEN BEZAHLT

- Wir veröffentlichen Ihre Hausarbeit, Bachelor- und Masterarbeit

- Ihr eigenes eBook und Buch - weltweit in allen wichtigen Shops

- Verdienen Sie an jedem Verkauf

Jetzt bei www.GRIN.com hochladen und kostenlos publizieren

Bibliografische Information der Deutschen Nationalbibliothek:

Die Deutsche Bibliothek verzeichnet diese Publikation in der Deutschen National-
bibliografie; detaillierte bibliografische Daten sind im Internet über http://dnb.d-
nb.de/ abrufbar.

Impressum:

Copyright © 2017 GRIN Verlag
Druck und Bindung: Books on Demand GmbH, Norderstedt Germany
ISBN: 9783668797529

Dieses Buch bei GRIN:

https://www.grin.com/document/439589

Angelika Melcher

Inwiefern ist die Konsummoderne der Bundesrepublik nach 1945 das Ergebnis der Amerikanisierung?

GRIN Verlag

Heinrich-Heine Universität Düsseldorf
Sommersemester 2017
Aufbauseminar: „Die historischen Facetten des modernen Konsums: Eine Einführung in die Konsumgeschichte"

Inwiefern ist die Konsummoderne der Bundesrepublik nach 1945 das Ergebnis der Amerikanisierung?

Angelika Melcher

4. Semester Geschichte / Politikwissenschaften

Abgabedatum: 15.09.2017

Inhaltsverzeichnis

1. Einleitung

Die USA – ein Staat der mit vielen Aspekten in Verbindung gebracht werden kann. Wenn wir an die USA denken, denken wir oft an ein Land der Superlative. Auch heute verbinden wir Amerika mit der neusten Technik und Wissenschaft, einer modernen Kultur, der Filmindustrie und einer fortgeschrittenen Wirtschaft. Dieses amerikanische Bild existiert schon länger in unserer Gesellschaft. Nun stellt sich die Frage ob uns diese Aspekte in Deutschland betreffen und inwiefern unser Konsumverhalten von dem „american way of life"[1] beeinflusst wird.

Hierbei kommt die These der Amerikanisierung ins Spiel, welche sich vor allem nach dem Zweiten Weltkrieg aufstellte, da Amerika als Siegermacht großen Einfluss auf Deutschland ausübte. Jedoch waren auch schon vor dem Zweiten Weltkrieg, zu Zeiten der Weimarer Republik und des Dritten Reiches, Aspekte der Amerikanisierung erkennbar.[2]

Aber in wie weit reichen die Wurzeln unserer Massenkonsumgesellschaft in die USA hinein? Wie sehr hat die USA unseren Konsum beeinflusst? Oder ist diese These nur eine falsche Deutung?

Um diese Fragen zu beantworten werde ich in der folgenden Studienarbeit zuerst geschichtlich auf die These der Amerikanisierung eingehen und sie im Anschluss mit Hilfe von konkreten Beispielen erläutern. Hierbei fokussiere ich mich hauptsächlich auf die Zeit ab dem Zweiten Weltkrieg, da sich zu dieser Zeit unsere heutige Massenkonsumgesellschaft etablieren konnte.

Im Anschluss führe ich die Positionen von Manuel Schramm und Hartmut Kaelble aus, welche Argumente die gegen die

---

[1] Doering-Manteuffel, Anselm, Wie westlich sind die Deutschen? Amerikanisierung und Westernisierung im 20.Jahrhundert, Göttingen 1999, S.12
[2] vgl. ebd. S.20

These der Amerikanisierung sprechen aufgeführt haben, um am Ende die Ausgangsfrage mit Hilfe beider Positionen zu beantworten.

2. These der Amerikanisierung

2.1 Begriffserklärung

Bereits 1901 wurde der Begriff „Amerikanisierung" von William T. Stead definiert, er verstand die Amerikanisierung als „eine kulturelle Praxis, in der die Vielfalt sozialer und mehr noch ethnischer Herkünfte in den Vereinigten Staaten zu einer einheitlichen ''Nation'' umgeformt würden''[3]. Diese Definition stellt die Begriffserklärung aus der amerikanischen Sicht dar, denn die Amerikanisierung wird sowohl in den USA als auch in Europa als Begriff genutzt, beschreibt jedoch in beiden Fällen unterschiedliche Prozesse.[4]

Betrachtet man die Amerikanisierung aus Sicht der Europäer wird von dem Einfluss gesprochen den Amerika auf Europa ausübt. [5] Bei diesem Geschehen übernehmen die Europäer verschiedene Einflüsse und Impulse aus den USA und fügen diese in ihren Lebensstil ein. Schon zu Zeiten der Industriellen Revolution besaß die USA eine Art Vorbildfunktion für die Europäer, hier wurde die Amerikanisierung als Synonym für eine fortgeschrittene Industrialisierung verwendet.[6]

Andere Beispiele für diese Einflüsse wären die Bereiche der Wirtschaft, der Kultur oder der alltäglichen Lebenswelt. Trotz

---

[3] Lüdtke, Alf (Hg.), Amerikanisierung: Traum und Alptraum im Deutschland des 20. Jahrhunderts, Stuttgart 1996, S.9

[4] vgl. De Grazia, Victoria: Amerikanisierung und wechselnde Leitbilder der Konsum-Moderne (consumer-modernity) in Europa. In: Siegrist, Hannes; Kaelble, Hartmut; Kocka, Jürgen (Hrsg.): Europäische Konsumgeschichte. Zur Gesellschafts- und Kulturgeschichte des Konsums (18. bis 20. Jahrhundert). Frankfurt/Main und New York 1997, S.111

[5] vgl. Lüdtke, Alf (Hg.), Amerikanisierung: Traum und Alptraum im Deutschland des 20. Jahrhunderts, Stuttgart 1996, S.8

[6] vgl. De Grazia, Victoria: Amerikanisierung und wechselnde Leitbilder der Konsum-Moderne (consumer-modernity) in Europa, a. a. O., S.111

der Übernahme der genannten Einflüsse bleibt deren amerikanische Herkunft immer noch erkennbar, zudem bewegt sich an dieser Stelle entstehende Kulturtransfer nur in eine Richtung: von den USA in Richtung Europa.[7]

2.2 Amerika als erste Massenkonsumgesellschaft der Welt

Längst bevor die USA zu einer Weltmacht wurde hatte sie den Status einer Konsummoderne.[8] Die Anfänge der Konsumgesellschaft in den USA gehen dabei bis in das 19. Jahrhundert zurück, denn schon damals profitierte das Land von dem Reichtum seiner Ressourcen.[9] Als Vorreiter konnte Amerika eigene Konsumgewohnheiten definieren und den „american way of life"[10] an andere Gesellschaften vermitteln. Ein entscheidendes Unterscheidungsmerkmal zu anderen Konsumgesellschaften war die große Auswahl an verschiedenen Produkten, so gab es neben verderblichen Produkten wie weiterverarbeiteten Lebensmitteln auch zunehmend haltbare und langlebige Konsumgüter, welche den Amerikanern eine vielfältige Auswahl an Waren bot.[11]

Zu einer wachsenden Bevölkerungszahl kam ein rasantes Wachstum von Wirtschaft und Nachfrage hinzu, was dazu führte, dass die Anzahl der Arbeitskräfte gering war und die Löhne stiegen. Die damit einher kommenden niedrigen Lebensmittelpreise ergaben die Möglichkeit des Erwerbs hochwertiger Güter wie Autos, Staubsauger oder Telefone.

---

[7] vgl. Doering-Manteuffel, Anselm, Wie westlich sind die Deutschen? Amerikanisierung und Westernisierung im 20.Jahrhundert, Göttingen 1999, S.11-12

[8] vgl. De Grazia, Victoria: Amerikanisierung und wechselnde Leitbilder der Konsum-Moderne (consumer-modernity) in Europa, a. a. O., S.113

[9] vgl. König, Wolfgang, Kleine Geschichte der Konsumgesellschaft. Konsum als Lebensform der Moderne, Stuttgart 2008, S.28

[10] De Grazia, Victoria: Amerikanisierung und wechselnde Leitbilder der Konsum-Moderne (consumer-modernity) in Europa, a. a. O., S.113

[11] vgl. ebd. S.114

So wurde es vielen Haushältern ermöglicht nach erhöhten Standarden zu leben.[12]

Ein weiterer wichtiger Aspekt der amerikanischen Massenkonsumgesellschaft war die Massenproduktion am Fließband, welche bereits in das späte 19. Jahrhundert zurückgeht. Die Massenproduktion ermöglichte es Produkte durch Maschinen in großen Mengen herzustellen. Um den Verkauf dieser Produkte zu steigern wurde auf Werbung und Marktforschung gesetzt.[13]

2.3 Anfänge der Amerikanisierung in Deutschland

Der Anfang der Amerikanisierung kann auf keine bestimmte Zeit festgelegt werden. Bereits im späten 19.Jahrhunder wurde die USA zu der stärksten Industrienation der Welt.

Hierbei fand vor allem das Konzept von Henry Ford Beachtung in Europa, dieser entwickelte die Fließbandproduktion die zu einer „Produktivitätsrevolution"[14] führte. Durch eine schnellere Herstellung konnten die Produkte billiger angeboten werden, wobei die hohe Zahl der Produktionen dafür sorgte, dass der Betrieb hohe Einnahmen machte und damit seine Arbeiter gut bezahlen konnte.[15]

Zu Zeiten der Weimarer Republik und des dritten Reichs erlangte die USA als Industrienation bereits an wirtschaftlicher und technischer Überlegenheit. Amerika galt als ein Orientierungsmuster in industrieller aber auch kultureller Hinsicht. So kamen aus Amerika neue technische Medien wie der Film, der Rundfunk oder das Grammophon[16]

---

[12] vgl. König, Wolfgang, Kleine Geschichte der Konsumgesellschaft. Konsum als Lebensform der Moderne, Stuttgart 2008, S.29f.

[13] vgl. De Grazia, Victoria: Amerikanisierung und wechselnde Leitbilder der Konsum-Moderne (consumer-modernity) in Europa, a. a. O., S.114f.

[14] Becker, Frank (Hg.) Mythos USA: »Amerikanisierung« in Deutschland seit 1900, Frankfurt 2006, S.21

[15] vgl. ebd. S.20f.

[16] vgl. Doering-Manteuffel, Anselm, Wie westlich sind die Deutschen? Amerikanisierung und Westernisierung im 20.Jahrhundert, Göttingen 1999, S.20f.

Trotz der überwiegend positiven Resonanz und den Nachahmungsversuchen stieß die Amerikanisierung in der Zwischenkriegszeit auch auf Kritik, beispielsweise durch den Schriftsteller Stefan Zweig. Dieser schrieb 1925 von der Eroberung Europas durch Amerika: „[...] in Wirklichkeit werden wir Kolonien ihres Lebens, ihrer Lebensführung, Knechte einer der europäischen im tiefsten fremden Idee, der maschinellen."[17]

2.4 Hochphase der Amerikanisierung nach dem Zweiten Weltkrieg

Mit Deutschlands Niederlage im Zweiten Weltkrieg stieg die USA als Siegermacht zur Führungsmacht im Westen auf.[18] Nun konnte Westdeutschland unmittelbar durch die USA beeinflusst werden.

Dieser Einfluss zeigte sich durch zahlreiche Aspekte.

Einer davon ist der Marshall-Plan, welcher der US-Außenminister G.C. Marshall im Jahr 1947 entwarf. Dieses Programm, welches offiziell European Recovery Program genannt wird, führte zu einer materiellen Präsenz der USA in Westdeutschland. [19] Die USA übergab Güter und Barmittel an Westeuropa[20], einige dieser Güter wurden in sogenannten Care Paketen verteilt, welche Genussmittel wie Schokolade, Zigaretten oder Kaffee enthielten und den Europäern den hohen Wohlstand der Amerikaner symbolisierten.[21]

---

[17] Zweig, Stefan, Die Monotonisierung der Welt: Aufsätze und Vorträge, Frankfurt a.m. 1982, S.10f.

[18] vgl. Schröter, Harm G., Winners and Losers. Eine kurze Geschichte der Amerikanisierung, München 2008, S.63

[19] vgl. Schildt, Axel, Zur sogenannten Amerikanisierung in der frühen Bundesrepublik – einige Differenzierungen, In: Koch, Lars (Hg.): Modernisierung als Amerikanisierung? Entwicklungslinien der westdeutschen Kultur 1945-1960, Bielefeld 2007, S.29

[20] vgl. Schröter, Harm G., Winners and Losers. Eine kurze Geschichte der Amerikanisierung, München 2008, S.65

[21] vgl. Schildt, Axel, Zur sogenannten Amerikanisierung in der frühen Bundesrepublik – einige Differenzierungen, a. a. O., Bielefeld 2007, S.33

In der deutschen Besatzungszone wurde die Politik, Kultur und
Wirtschaft durch die Amerikaner geformt, so nahm die USA
Einfluss auf die westliche Währung und führte in
Westdeutschland die Deutsche Mark ein[22], welche unter
anderem mit anderen europäischen Währungen in Verhältnis
zum US-Dollar gesetzt wurde.[23]
Um einen kulturellen Austausch zu schaffen gründeten die
Amerikaner sogenannte Amerikahäuser in welchen die deutsche
und die amerikanische Kultur transferiert wurden.[24]

2.4.1 Amerikanisierung der Wirtschaft

Die Amerikanisierung ließ sich in Westdeutschland nach 1945
in vielen Bereichen erkennen. Zum Zwecke der
Konsumsteigerung ließen sich vor allem in der Wirtschaft
amerikanische Züge in Produktion, Marktforschung, Marketing
und Werbung erkennen.
Die amerikanische Produktion kennzeichnet sich besonders
durch standardisierte Massenproduktion.[25]
Um diese Fließbandproduktion nach dem Zweiten Weltkrieg
überhaupt möglich zu machen bekamen europäische
Unternehmen finanzielle Unterstützung und „technische
Unterweisungs- und Schulungsmaßnahmen''[26]durch die
Amerikaner. Mit Hilfe eines direkten Austausches und
Besuchen in amerikanischen Unternehmen konnten
Produktionsweisen übernommen und spezialisiert werden.[27]

---

[22] vgl. Schröter, Harm G., Winners and Losers. Eine kurze Geschichte der Amerikanisierung, München 2008, S.75

[23] vgl. Schröter, Harm G., Winners and Losers. Eine kurze Geschichte der Amerikanisierung, München 2008, S.64

[24] vgl. Schildt, Axel, Zur sogenannten Amerikanisierung in der frühen Bundesrepublik – einige Differenzierungen, a. a. O., Bielefeld 2007, S.32f.

[25] vgl. Schröter, Harm G., Winners and Losers. Eine kurze Geschichte der Amerikanisierung, München 2008, S.84

[26] Hilger, Susanne, „Amerikanisierung'' deutscher Unternehmen. Wettbewerbsstrategien und Unternehmenspolitik bei Henkel, Siemens und Daimler-Benz (1945/49-1975) (Beihefte zur Vierteljahrschrift für Sozial- und Wirtschaftsgeschichte, Nr.173), Stuttgart 2004, S.170

[27] vgl. ebd. S. 171

8

Außerdem wurde die Art Lebensmittel zu vertreiben übernommen. So führte man in Deutschland nach amerikanischem Beispiel die Selbstbedienung im Lebensmitteleinzelhandel ein. In Westdeutschland konnte man im Jahr 1950 38 Selbstbedienungsläden zählen, diese vermehrten sich stetig da sich einzelne selbstständige Ladenbesitzer zu Kettenläden zusammenschlossen.[28] Neben der Produktion wurden auch die Bereiche Marketing und Marktforschung durch amerikanische Einflüsse geprägt. Was in den USA schon längst etabliert war konnte in Westdeutschland erst in den 1960er Jahren an Gewicht erlangen, hierbei unterstützten amerikanische Agenturen deutsche Unternehmen indem sie diese über amerikanische Vermarktungsstrategien berieten.[29]

Die Sektion Marktforschung bildete in Europa eine Rarität. Durch die Konkurrenz, die sich durch amerikanischen Firmen bildete, da diese durch Marktforschung Profit in Europa machten, waren europäische Firmen dazu gezwungen ebenfalls den Betrieb von Marktforschung zu starten.[30]

Auch im Bereich Werbung war die USA Vorreiter. Werbung selbst hatte eine minderwertige Stellung in Westdeutschland, die Werbeagenturen litten an einer mangelnden Organisation und hingen hinter amerikanischen Agenturen her. Allmählich konnte sich die Werbebranche in Westdeutschland etablieren da angesehene amerikanische Werbeagenturen langfristig mit europäischen Unternehmen kooperierten und für die Europäer angemessene Werbung erstellten. Nach diesem Muster

---

[28] vgl. Schröter, Harm G., Winners and Losers. Eine kurze Geschichte der Amerikanisierung, München 2008, S.85-88

[29] vgl. Hilger, Susanne, „Amerikanisierung" deutscher Unternehmen. Wettbewerbsstrategien und Unternehmenspolitik bei Henkel, Siemens und Daimler-Benz (1945/49-1975) (Beihefte zur Vierteljahrschrift für Sozial- und Wirtschaftsgeschichte, Nr.173), Stuttgart 2004, S.184

[30] vgl. Schröter, Harm G., Winners and Losers. Eine kurze Geschichte der Amerikanisierung, München 2008, S.91f.

organisierten sich zunehmend auch die europäischen Agenturen, welche die USA jedoch nicht als Marktführer ablösen konnten.[31]

2.4.2 Amerikanisierung des Alltags und der Kultur

Ob das Fast Food, der Kühlschrank, die Coca Cola oder die Jeans, nichts lässt sich aus unserem Alltag wegdenken und eines haben diese Konsumgüter gemeinsam: sie sind Erfindungen aus den USA.[32]

Schon in der Zwischenkriegszeit konnte ein Großteil der Bevölkerung in den USA Luxusgüter, die über die Grundkonsumgüter hinausgehen, erwerben. Dieser in den Vereinigten Staaten herrschende Standard konnte in der Bundesrepublik noch nicht vollkommen ausgelebt werden, da in Folge des Zweiten Weltkrieges nicht alle Luxusgüter, wie beispielsweise industriell hergestellte Lebensmittel, verfügbar waren. Die Wohlstandsentwicklung begann erst ab dem Anfang der 1950er Jahre.[33]

Diese Wohlstandsentwicklung führte dazu, dass sich der Geschmack der Menschen kultivierte und der Erwerb von Luxusgütern intensivierte. Die Westdeutschen fingen an ihre Wohnungen mit elektrischen Haushaltsgeräten auszustatten und ihren Speiseplan mit tropischen Früchten zu schmücken.[34]

Der Alltag der Menschen erlag gewichtigen Umgestaltungen. Dazu gehörte auch die Technisierung der Haushalte. Zu den oben genannten elektrischen Haushaltsgeräten gehörten Güter wie der Fernseher und der Kühlschrank. Kühlschränke wurden bereits am Anfang des 20.Jahrhunderts in den USA hergestellt, während der erste Kühlschrank in Deutschland erst 1933 auf den

---

[31] vgl. Schröter, Harm G., Winners and Losers. Eine kurze Geschichte der Amerikanisierung, München 2008, S.93f.

[32] vgl. Polster, Bernd (Hg.), West Wind, Die Amerikanisierung Europas, Köln 1995, S.108f.

[33] vgl. Schildt, Axel, Amerikanische Einflüsse auf die westdeutsche Konsumentwicklung nach dem Zweiten Weltkrieg, In: Haupt, Heinz-Gerhard, Torp, Claudius (Hg.): Die Konsumgesellschaft in Deutschland 1890-1990, Frankfurt/Main 2009, S. 436

[34] vgl. ebd. S. 437

Markt kam und lange Zeit als Luxusgut galt. Nach dem Zweiten
Weltkrieg ging der Kühlschrank in die Massenproduktion,
jedoch blieb er dennoch ein Luxusgut den sich 1955 nur zehn
Prozent der Bevölkerung leisten konnten.[35]
Das Fernsehgerät übte einen bedeutenden Einfluss der USA auf
Westdeutschland aus. Der Fernseher entspricht einem
Massenmedium, welches sich nach dem Zweiten Weltkrieg
rasant in den deutschen Haushalten vermehrte.[36]
Neben dem Einfluss auf die Haushälter war vor allem die
Jugend von der amerikanischen Konsumwelt betroffen, diese
begeisterte sich schon früh für die „amerikanischen
Leitbilder".[37]
Beeinflusst wurden sie beispielsweise durch amerikanische
Filme und Musik. Die „Botschaft des Unangepassten,
Aufmüpfigen"[38], welche durch die amerikanische Rockmusik
vermittelt wurde, begeisterte sie. Ebenso die amerikanischen
Schauspieler, welche durch ihr lockeres Benehmen in den
Hollywood Filmen eine Entspanntheit verkörperten die eine
Vorbildfunktion für die westdeutsche Jugend einnahm und ihr
Streben nach Liberalität und Freiraum erweckte.[39]
Von Film und Musik abgesehen war die Kultur und der Alltag
der Jugend in der Bundesrepublik auch von amerikanischen
Importgütern wie Zigaretten und Jeans geprägt. Diese Güter
galten in den 1950ern noch als Mittel der Provokation
gegenüber autoritären Personen, konnten sich aber im Laufe der
Jahre im gesamten Spektrum der Bevölkerung etablieren.[40]

---

[35] Wildt, Michael, Am Beginn der Konsumgesellschaft. Mangelerfahrung, Lebenshaltung, Wohlstandshoffnung in Westdeutschland in den fünfziger Jahren, Forum Zeitgeschichte Band 3, Hamburg 1994, S.145f.

[36] vgl. Schildt, Axel, Zur sogenannten Amerikanisierung in der frühen Bundesrepublik – einige Differenzierungen, a. a. O., Bielefeld 2007, S.38f.

[37] vgl. Schildt, Axel, Amerikanische Einflüsse auf die westdeutsche Konsumentwicklung nach dem Zweiten Weltkrieg, a. a. O., S.441

[38] Schröter, Harm G., Winners and Losers. Eine kurze Geschichte der Amerikanisierung, München 2008, S.78

[39] vgl. ebd. S.78

[40] vgl. ebd. S.78f.

3. Der Massenkonsum als nationales Phänomen

Trotz den in Kapitel 2 dargelegten Argumenten äußerten sich viele Gegenstimmen, welche die Amerikanisierung der Westeuropäer bestritten und den Massenkonsum nicht als Ergebnis dieser sehen.

Es bestünden Differenzen zwischen den europäischen und den außereuropäischen Konsumgesellschaften, weshalb der Massenkonsum demnach sowohl amerikanische als auch europäische Wurzeln habe.[41] So existiert in Europa seit der zweiten Hälfte des 20. Jahrhunderts ein „bestimmter europäischer Geschmack und ein eigenes europäisches Design".[42] Der Durchbruch zum modernen Massenkonsum in den westeuropäischen Ländern, und damit auch in der Bundesrepublik, war nach 1945 eine nationale Entwicklung in der sich die westeuropäischen Länder einander genähert haben.[43]

Der Erwerb von Automobilen für den privaten Haushalt wäre ein Beispiel für diese nationale Entwicklung. Als europäische Erfindung[44] und als „Leitgut des Massenkonsums"[45] waren die Automärkte in den 1950er Jahren überwiegend national. Damit war die Wachstumsrate im Bezug zur Anschaffung eines PKWs in diesem Zeitraum in der Bundesrepublik am höchsten. Dominiert wurde der deutsche Automarkt von dem deutschen Hersteller „Volkswagen", welcher 30% des Marktanteils ausmachte und bis zum Ender der 1950er Jahre nahezu konkurrenzlos war. Zu erwähnen ist außerdem, dass das Auto in Westdeutschland zum wichtigsten touristischen Verkehrsmittel

---

[41] vgl. Kaelble, Hartmut, Sozialgeschichte Europas. 1945 bis zur Gegenwart, München 2007, S.112
[42] Ebd. S.113
[43] vgl. Schramm, Manuel, Vergleich und Transfer in der Konsumgeschichte, in: Middell, Matthias, Siegrist, Hannes (Hg.), Zeitschrift für Globalgeschichte und vergleichende Gesellschaftsforschung, Leipzig 2009, S. 71
[44] vgl. Kaelble, Hartmut, Sozialgeschichte Europas. 1945 bis zur Gegenwart, München 2007, S.112.
[45] Kaelble, Hartmut, Sozialgeschichte Europas. 1945 bis zur Gegenwart, München 2007, S.106

wurde, was den Wert des Autos in der deutschen Massenkonsumgesellschaft stiegen ließ.[46]

Auch die Werbung gilt bei den Gegnern der Amerikanisierung als nationalisiert. Trotz eindeutiger amerikanischer Einflüsse in deutschen Unternehmen unterschieden sich die Werbungen und die Ausgaben für diese voneinander. So bestanden in den 1960er und 1970er Jahren beispielsweise nationale Unterschiede in den verschiedenen Werbefiguren, hierbei arbeiteten sogar multinationale Werbeagenturen gegen einheitliche Werbungen auf der internationalen Ebene. Die Werbungen in den einzelnen europäischen Ländern waren individuell gestaltet und somit trotz Erneuerungen aus den USA überwiegend national geformt.[47]

Als drittes Beispiel ist der Einzelhandel und die Ernährung auszuführen. In einigen Bereichen, wie der Gastronomie, lassen sich transnationale Einflüsse feststellen, vor allem Deutschland galt als offen im Bezug zu ausländischen Einflüssen.[48]

Die Selbstbedienung im Einzelhandel, die sich zuerst in den USA durchsetzen konnte, wurde nach dem zweiten Weltkrieg auch in Deutschland eingeführt, was zum Aufstieg der uns heute bekannten Supermärkte führte. Jedoch lassen sich auch hier einige nationale Unterschiede, vor allem zwischen den europäischen Ländern, erkennen, was damit zu begründen ist, dass Supermarktketten sich gezielt auf den nationalen Markt konzentrierten und keine Expansion ins Ausland beabsichtigten.[49]

Neben den aufgeführten Beispielen ist zu erwähnen, dass es nur eine begrenzte Möglichkeit gab amerikanische Konsumgüter in der Bundesrepublik zu erwerben, da die meisten Güter in Europa selbst produziert wurden.[50] Außerdem sind Unterschiede

---

[46] vgl. Schramm, Manuel, Vergleich und Transfer in der Konsumgeschichte, a. a. O., S.71-74
[47] vgl. Schramm, Manuel, Vergleich und Transfer in der Konsumgeschichte, a. a. O., S.78-80
[48] vgl. ebd. S.80f.
[49] vgl. ebd. S.80-83
[50] vgl. Kaelble, Hartmut, Sozialgeschichte Europas. 1945 bis zur Gegenwart, München 2007, S.112

in den privaten Ausgaben der Menschen erkennbar, so investierten Europäer mehr Geld in Ernährung und Kleidung während Amerikaner mehr für Transport- und Kommunikationsgüter ausgaben.[51]

Hierzu dient als Schlussfolgerung, dass nicht die Amerikanisierung der westeuropäischen Gesellschaften der Fundamentalprozess der 50er und 60er Jahre war, sondern der Durchbruch des Massenkonsums.[52]

4. Fazit

Wird die Fragestellung dieser Studienarbeit rückblickend begutachtet, lässt sich folgendes zusammenfassen: In der Bundesrepublik herrschte ein eindeutiger Einfluss durch die USA auf die Konsumgesellschaft. Dies ließ sich im Laufe der Geschichte und der deutsch-amerikanischen Beziehungen nur wenig vermeiden. Als Vorreiter der Massenkonsumgesellschaft gaben die Amerikaner Maßstäbe an, die vielen Nationen, einschließlich der Bundesrepublik, als Orientierungsmuster dienten. Dieser zum Teil unmittelbare Einfluss wurde vor allem nach dem Zweiten Weltkrieg deutlich, denn neben dem politischen Einfluss den Amerika auf Westdeutschland ausübte nahm auch der Einfluss auf den deutschen Konsum zu. Der Import amerikanischer Güter stieg und ließ die deutschen über amerikanische Luxusgüter staunen. Amerikanische Innovationen formten den deutschen Markt in Bereichen des Einzelhandels, der Werbung und der Produktion.

Auch der Alltag der Menschen und vor allem der Jugend richtete sich auf Amerika aus. Das Land der unbegrenzten Möglichkeiten bot eine Alternative zum Alltag der Nachkriegszeit und brachte Hoffnung auf bessere Zeiten.

---

[51] vgl. ebd. S. 113

[52] Schramm, Manuel, Vergleich und Transfer in der Konsumgeschichte, a. a. O., S.85

Trotz zahlreicher Einflüsse der USA sind viele nennenswerte nationale Güter vorhanden. Die deutsche Automobilindustrie dominiert seit den 1960er Jahren die Automärkte vieler Nationen. In vielen Aspekten gaben die Amerikaner einen Grundstein, welcher jedoch auf eine eigene, nationale Weise, ausgeführt wurde. Ein Beispiel hierfür wäre das Fast Food welches seine Wurzeln zwar in Amerika hat, in der Bundesrepublik jedoch eigene Variationen vorzeigt die von der Döner- bis zur Imbissbude reichen.[53]

Trotz der Argumentation die Manuel Schramm darlegt kann sich nahezu jedes seiner Beispiele auf die USA zurückführen lassen, was die These der Amerikanisierung am Ende zusätzlich bestärkt.

---

[53] vgl. Kaelble, Hartmut, Sozialgeschichte Europas. 1945 bis zur Gegenwart, München 2007, S.112

Literaturverzeichnis

- Doering-Manteuffel, Anselm, Wie westlich sind die Deutschen? Amerikanisierung und Westernisierung im 20.Jahrhundert, Göttingen 1999
- Lüdtke, Alf (Hg.), Amerikanisierung: Traum und Alptraum im Deutschland des 20. Jahrhunderts, Stuttgart 1996
- De Grazia, Victoria: Amerikanisierung und wechselnde Leitbilder der Konsum-Moderne (consumer-modernity) in Europa. In: Siegrist, Hannes; Kaelble, Hartmut; Kocka, Jürgen (Hrsg.): Europäische Konsumgeschichte. Zur Gesellschafts- und Kulturgeschichte des Konsums (18. bis 20. Jahrhundert). Frankfurt/Main und New York 1997
- König, Wolfgang, Kleine Geschichte der Konsumgesellschaft. Konsum als Lebensform der Moderne, Stuttgart 2008
- Becker, Frank (Hg.) Mythos USA: »Amerikanisierung« in Deutschland seit 1900, Frankfurt 2006
- Schröter, Harm G., Winners and Losers. Eine kurze Geschichte der Amerikanisierung, München 2008
- Schildt, Axel, Zur sogenannten Amerikanisierung in der frühen Bundesrepublik – einige Differenzierungen, In: Koch, Lars (Hg.): Modernisierung als Amerikanisierung? Entwicklungslinien der westdeutschen Kultur 1945-1960, Bielefeld 2007
- Schildt, Axel, Amerikanische Einflüsse auf die westdeutsche Konsumentwicklung nach dem Zweiten Weltkrieg, In: Haupt, Heinz-Gerhard, Torp, Claudius (Hg.): Die Konsumgesellschaft in Deutschland 1890-1990, Frankfurt/Main 2009
- Polster, Bernd (Hg.), West Wind, Die Amerikanisierung Europas, Köln 1995
- Wildt, Michael, Am Beginn der »Konsumgesellschaft«. Mangelerfahrung, Lebenshaltung, Wohlstandshoffnung in

Westdeutschland in den fünfziger Jahren. Forum Zeitgeschichte
Band 3, Hamburg 1994

- Schramm, Manuel, Vergleich und Transfer in der
  Konsumgeschichte, in: Middell, Matthias, Siegrist, Hannes
  (Hg.), Zeitschrift für Globalgeschichte und vergleichende
  Gesellschaftsforschung, Leipzig 2009
- Kaelble, Hartmut, Sozialgeschichte Europas. 1945 bis zur
  Gegenwart, München 2007